JN439397

광교호반의 하루

광교호반의 하루

김문선 시집

계간문예

새로운 떠남을 꿈꾸며

아주 오래 전 스페인 포르투갈 바로셀로나를 돌아, 지중해를 다녀올 때였습니다. 태평양에서 추락하는 비행기 안에 있는 몽환을 꾸었습니다. 왜 그런 꿈을 꾸었는지 지금도 자아 문답 중입니다. 아마도 그 해답은 떠나고 또 떠나봐야 찾을 것 같습니다.

실로 오랫동안 저의 책상 위에서 단잠에 빠져들었던, 시어詩語들을 깨웠습니다. 그네들에게 '광교호반의 하루' 라는 타이틀을 붙여 황금수레에 실어주렵니다. 전국 각지를 돌고 오대양 육대주를 돌아오면, 2탄 3탄을 실은 수레를 다시 내어보내고 싶습니다. 저의 몸에 잔디이불이 덥혀지는 날까지, 시와 수필과 소설을 쓰고 지우고 다시 쓰겠습니다.

저를 아껴주시는 독자님들과 십년 만의 해후, 매우 행복합니다!

저의 졸작에 심오한 해설로 날개를 달아주신 김송배 선생님께 깊은 감사드립니다.

아녀자로 살 수밖에 없었던 누나를, 문학인의 반열에 들게 해 준 상명대학교 김동욱 교수와, 현재 소설지도를 해주시는 정종명 교수님께도 머리 숙여 감사드립니다.

'한국예술인복지재단' 창작지원금을 받았습니다. 시집을 출간할 수 있도록 길을 열어주신, 차윤옥 계간문예 주간께도 고마움을 전합니다.

2017년 정월

광교호반 수향정秀鄕停에서 金 文 仙

차례

제1부 광교호반의 하루

제2부 꽃으로 여는 세상

3부 박수를 치고 싶은 날

4부 소통의 장場

5부 살다가 지치거든

평설

• 수향 김문선의 시 세계 •

자아 혹은 자존自尊에 관한 시 미학

김 송 배
(시인. 전 한국문인협회 부이사장)

1. 존재와 자존의 자화상

현대시의 감화感化는 우선 인간의 문제를 지적知的으로 투영하는 주제의식에서 그 지향점을 유추하는 경향이 짙게 현현하는 작품을 많이 대하게 된다. 이는 그 시인이 어쩔 수 없는 삶과 인생의 현실적인 존재문제와 직접적으로 관여하게 되고 실제로 그 범주範疇에서 자신의 존재를 인식하는 현존現存의 사유思惟가 시적 발상이나 동기가 된다는 점을 간과看過하지 못하기 때문이다.

이러한 시적 경향들이 현대시의 정점에서 대체로 자화상의 형태로 현실적인 실상real life과 분리될 수 없는 정서의 발흥發興으로 그의 내면세계를 표출하면서 시적 진실이 무엇인가를 구명究明하는 시법詩法을 이해하게 된다.

여기 수향秀鄉 김문선金文仙 시인이 상재하는 시집《광교호반의 하루》작품을 일별하면서 그가 재생하는 상상력에는 존재의 문제, 특히 자존에 관한 현실적인 고뇌와 갈등들이 그의 인생관으로 응축凝縮되어 있어서 이와 같은 주제를 먼저 살펴보게 하고 있다.

김문선 시인은 이미 시집《그곳에 있는 너》와 수필집《잠들지 않는 바람의 신》을 발간한 중견으로서 자아에 대한 의문과 그 해법을 탐색하는 시풍詩風에 심취해 있는 듯 했다. 그가 이 시집 '발간에 담는 의미'에서 밝혔듯이 '태평양에서 추락하는 비행기 속에 있고 싶다는 몽환을 가끔 꾸었다.-중략-그런데 왜 간간이 그런 생각을 했는지 지금도 자아 문답 중이다.'라는 진솔한 그의 심중心中을 토로하고 있다.

일만 이 천 명이 넘는 선비님들 틈에
버젓이 이름 석 자 올려놓고
시詩한줄 못쓰고 몇 해를 보냈다

중략

내가 하고 싶은 말인데
나의 뜻도 그와 같은데
네가 다 해버렸으니

날더러
뭘 쓰라는 거냐고 억지만
부리고 있다

나도 시인인가?

이 작품 <묻고 싶다>중에서도 그가 보편성으로 간직했던 시와 시인에 대한 자신의 입지立地와 현실적 감응感應이 교차하면서 화자話者 '나'의 성찰이 진솔하게 분사噴射하고 있다. 이는 그가 '뭘 쓰라고 억지만 / 부리고 있'는 형상은 자신이 그만큼 진지한 시적 탐구와 교감에서 상당한 열등의식이 내포한 진실의 토로吐露로 이해할 수 있다.

결론적으로 김문선 시인은 존재의 이유를 탐색하면서 그의 자아 또는 자존에 대해서 '나'를 통한 광범위의 진실이 무엇이며 어디에 있는지를 적나라赤裸裸하게 의문형으로 적시摘示하고 있어서 그가 지향하면서 천착穿鑿하려는 시적 본령本領이나 위의威儀를 상승시키고자 하는 열정을 엿보게 하고 있다.

2. 대표 시에 담긴 사연

등굽은 하오라기
간 밤 짝을 찾아 헤매다가
둘레길 채운 부들 숲에서
선잠 들고

중략

네가 보낸 시간은 짝을 찾는 일이고
내가 넘긴 시절은 짝을 보낸 일이니
우린 짐짓 닮은 듯 다르구나

할 일 끝낸 태양을 보내야 하는 일도
할 일 끝낸 태양을 보내야 하는 일 마저도.

– <광교호반의 하루> 중에서

김문선 시인에게서 삶의 의미를 추적하면서 그가 절감切感하는 부분은 고독이었다. 수원 광교호반 인근에 살고 있는 그는, 호숫가로 산책하는 걸 즐긴다. 이른 아침 산책로 부들 위에서, 젖은 날개를 털고 있는 해오라기 한 마리를 만났다. 환갑 해에 남편을 여의고 홀로 살고 있는 그의 시야에, 나이든 새가 든 것은 우연이 아닐 터. 해오라기는 밤이면 짝을 찾아 헤매고, 낮에는 양지바른 곳을 택해 잠을 청한다. 그런 해오라기를 보면서 자신의 삶과 대칭을 하게 됐다고 집들이 때 그는 고백했었다. 호숫가에서 즉흥적으로 부르던 노래가 〈광교호반의 하루〉라 하였고, 그는 단박에 대표 시로 선택했다.

모진 손에 뽑히고/ 무딘 발길에 채이며/ 참다못해 날려버린/ 독기 뿜은 여한은/천지사방에다 노란 새끼를 친다.

– 〈아픈 민들레〉의 전문

돌 틈 둔덕 네 맘대로 뿌리 내려/ 높낮이 다른 줄기 애써 키우며/ 4월에 피워 낸 노랑꽃 하얀꽃// 바람으로 부푼 몽환을 흩날려/ 몸 가벼이 38도 분개선을 넘었거든/날다가 멈춘 곳에 뿌리를 내려라//

중략

통일이 오기까지 한겨레가 뭉치는
그날이 올 때까지
너 거기서 민초의 뿌리로 남아 있거라.

– 〈민들레야〉 중에서

시인은 길가 아무 곳에나 뿌리를 내리고, 모질게 피어나는 민들레를 통해서 자신의 고뇌를 승화시켰고, 남다른 애국심마저 키워나가는 강한 여인이다. 뇌경색으로 19년 환자 생활을 하는 남편을 간병하면서, 휴식의 공간으로 용현천을 찾았다. 의정부 외곽을 흐르는 2급수 개천가에서 자라는, 청정한 민들레를 캐다가 민간요법의 약재를 만들어, 남편에게 복용시켰다는 체험담을 사적인 자리에서 들은 적이 있었다. 시인은 민들레를 관찰함에 소홀하지 않았고 시재로 삼은 듯하다.

아직도 그대를 기다리는 존재감입니다
그것은 해맑은 소망이고 첫정의 설레임이지요
그대를 만날 수 있다는 기대의 가치는 하늘보다
높습니다

동산에 뜨는 햇님의 모습에서
서산에서 지는 달님의 보습에서
그대가 웃고 있는 얼굴을 봅니다

언제나 그대는 함께 웃고 있습니다
내가 살아가는 의미입니다

— 〈내 삶의 의미는〉 전문

보라. 여기에서는 김문선 시인의 '존재감'과 '삶의 의미'가 함축되어 있어서 그가 설정한 화자 '그대'에 대한 '기다리는' 집념이 곧 그의 '소망'이며 '기대의 가치'이다. 그는 '아직도'라는 부사副詞로 첫 머리에 상황을 설정함으로써 그의 '그대'에 대한 기대와 염원은 영원하다는 것을 이해할 수 있을 것이다.

그는 어쩌면 '만날 수 있다는 기대'와 언제나 '함께 웃고 있는' 상황에서 삶의 가치에 대한 '의미'라는 어조는 바로 '이젠 잊어도 될 소시적 첫정 때 품었던 비밀이야기도 풀어놓고 싶다'거나 '그 저승사자의 목소리도 이젠 털어버리고 싶다(이상 〈이대로 살다 가리라〉중에서)'는 기원의 의지와 연결하면서 공감을 확산시키고 있다.

3. 서정성과 자연의 교감

우리 시인들이 구사하는 현대시는 대체로 서정시 계열에 속한다. 인간과 자연의 교감에서 생성하는 서정성은 고고孤高한 내면의 세계에서 인간의 순리順理와 자연의 섭리攝理가 조화를 이루는 정적靜的인 안온함이 적시되는 통례를 흔하게 대할 수 있다.

김문선 시인도 이러한 정서의 세계를 벗어나지 못한다. 그가 자라온 환경이 전원적인 생활과 고향의 풍습 그리고 관습적인 주변의 여건 등이 그의 사유의 세계에서 정서의 중심축을 형성했다는 그의 체험을 배제할 수 없기 때문일 것이다.

그는 일상성 속에서 조응調應해 온 산천경개와 그 만유萬有에서 생성하는 시적 형상들이 인간과 자연이 융합하는 시적 발상으로 연결되고 고향과 가족들의 체온이 원류로 흐르고 있는 주제로 정립하고 있음을 알 수 있다.

버스에서 혹은 지하철에서 쏟아놓은 무수한
사람과 배낭을 순식간에 삼켰는데 산허리는
지금도 부풀지 않는다

– 〈주말의 북한산은 인산인해人山人海〉

사람이 몰래버린 오물은 악취로 되돌리고
거짓이나 속된 말은 들은 척도 안하면서
야호를 외치는 선량에겐 야호로 답하는 정직한 산山

때론 취객의 허튼 걸음에 발목을 분질러 놓은 채
뒷짐을 지고
목숨을 소중히 여기지 않는 경솔한 이들에겐
포용을 거부한다
인수봉에서 싸늘하게 식은 사람은 정녕 얼마나 될까

한여름 억수 비로 인수봉은 목욕재계를 하고
천연색 의상을 갈아입은 가을은 미색美色의 경지
엄동설한, 눈꽃 이불 덮어 초록을 잃지 않은
생동의 조화로움

그러면 그렇다고 받아주고 저러면 저렇다고
들어주는 아량
그 척도尺度를 알 수 없는 품안.

— 〈그 모두를 품어 주는 산〉 전문

그렇다. 김문선 시인은 이 시집의 중추시가 되는 이 작품에서 엿볼 수 있듯이 '주말의 북한산은 인산인해人山人海'를 이루는 '북한산'에서 자연의 정감을 만끽滿喫하고 있다. 그는 이러한 정감에서 '야호를 외치는 선량에겐 야호로 답하는 정직한 산山'이라는 친자연적인 어조는 바로 그가 비중을 둔 작품으로 취택할만한 충분한 서정적인 요소가 발현하고 있기 때문이다.

그는 다시 자연의 형상을 '한여름 억수 비로 인수봉은 목욕재계를 하고 / 천연색 의상을 갈아입은 가을은 미색美色의 경지 / 엄동설한, 눈꽃 이불 덮어 초록을 잃지 않은 / 생동의 조화로움'으로 사계절의 정취를 통해서 우리들의 심중에서 포용하는 자연의 '생동의 조화로움'을 현현하고 있다.

이러한 외적인 사물에서 응시하거나 관조한 외연外延이 바로 그의 서정적인 내면의 포용包容으로 화해를 이루는 우리 인간들의 정적이며 관조적인 시 미학이기 때문에 김문선 시인은 친자연적인 주제를 투영하는 고차원의 서정시인임을 알 수 있다.

또한 그는 이러한 자연에서만 소재를 취택하고 자연생태만을 음영吟詠하는 것은 아니다. 하늘과 땅, 천지간에 소재하는 모든 현상들이 그에게서 서정적인 이미지를 창출創出하고 있다. 이 '가을 석양'에서 보는 바와 같이 시각적인 이미지의 투영으로 사물적인 흥취興趣에서 별개의 서정을 확인할 수 있다.

이밖에도 작품 〈겸손〉 중에서 '4B펜슬 하나 없이 호수의 깊이'를 그렸다거나, 〈텃밭〉에서 '나에게는 올망졸망 / 자양분이 매달리고 영그는 / 풍성한 놀이터' 등의 어조와 상황들에게 그는 영혼과의 교감이 넘치는 서정성을 이해할 수 있다.

4. '가솔'과의 정 그 형상화

김문선 시인에게는 영원한 불망不忘의 이미지도 확인할

수 있다. 모든 시인들의 체험에 등장하는 '어머니'의 형상은 다양한 이미지의 보고寶庫이다. 누구에게나 그러하듯이 '어머니'에 대한 모정母情은 그의 뇌리腦裏에서 영원히 사라질 수 없는 시의 모태母胎일 수도 있다.

태고의
우물 안을 들여다본다
지나가는 한 줄기 소나기에도
심하게 흔들리던
열두 살 소녀가 들어 있다

어느 날
모가 난 바위 하나가 우물을 갈랐다
여린 살갗이 갈가리 찢기고
투명한 피가 사방으로 튀어
푸르던 이끼가 빨갛게 물들었다

중략

우물은 주인을 따라 무덤으로 향하고
그 자리엔
'파타야 모텔' 현란한 간판이
하루를 묶어 갈 길손을 부른다.

— 〈어머니의 주소〉 중에서

김문선 시인의 생모生母에 대한 모정은 남다른 데가 있다. 위의 작품에서 이해할 수 있듯이 '어머니'에 대한 그의 내면의식은 아린 추억의 연속에서, 우리의 비전형적인 모성애가 현현되고 있다. 반세기가 지나서 어머니 곁을 찾아간 희열喜悅보다 생부生父를 찾아 어머니의 곁을 떠나야만 했던 어린 시절의 절규가, 우물과 함께 형상화 되어 있기 때문이다.

일찍이 김남조 시인도 그의 글 〈그 먼 길의 길벗〉에서 '어머니! 이렇게 부르면 지체 없이 격렬한 전류가 온다. 아픈 전기이다. 아프고 뜨겁고 견딜 수 없는 전기이다'라고 했다. 이주홍 아동문학가 역시 그의 글 〈고갯길의 연속〉에서 '어머니는 자식 사랑함의 괴로움이 극에 달했을 때 더욱 어머니다움을 느끼게 된다.'고 했다.

이처럼 우리는 어머니에 대한 그 위대한 모성의 자비로움 속에서 사랑을 시적 발상의 원천으로 흐르고 있음을 알게 한다. 김문선 시인이 재생하는 상상력 속의 어머니는 격렬한 전류에서 교감하는 아픔의 일단을 형상화하고 있어서 공감의 영역을 확대하고 있다.

나 때문에 힘겨워 하지마라
너희가 못 다한 효심
뉘라서 더하라 하겠느냐

나 때문에 가슴 아프지 말거라
너희들 가슴에 맺힌 멍울
어미가 풀어주마

나 때문에 울지 마라
너희들 눈물방울
어미의 혈류血流를 적신다

나 설령 이름 없는 별 되어
허공을 맴돌지라도
너희가 가려는 길만은
굳세게 밝히리라

효성스런 아들딸들아
아무도 없는 곳에서
혼자 울지 말거라

– 〈효성스런 아들, 딸들아〉 전문

그는 다시 효성스런 아들과 딸들에게 사랑의 충언을 메시지로 전하고 있다. '못다한 효심' 때문에 생성하는 괴로움과, 가슴 아픔과 피멍과 눈물을 보이지 말라는 모정의 절규이다. 이러한 가솔家率들의 정감은 먼저 '화마에게 맡긴 둘째 딸'에서 '어미를 떠날 때는 사랑을 찾을 시기가 됐을 때였고 / 내 자식이 제 자식을 얻었을 땐 모성애의 깊이도 알았으련만/ 그 어린 걸 지켜주지 못하고 떠날 땐 / 오죽했을까 // 나는 아직도 화마에게 딸을 맡긴 확연한 이유를 / 알지 못한다. / 다만 구봉 큰스님의 법어法語를 믿고 따라야 한다 / "금생今生보다 훌륭한 내세來世를 보장받기 위해 / 몸을 바꾸러 떠났으니 선선히 보내주어라"'는 딸에 대한 아픔과 슬픔이 그의 인생에서 정점을 이루는 현실적인 모성애를 엿볼 수 있게 한다.

그는 작품 〈남편 제사상 앞에서 1, 2〉와 〈그들 형제〉 등에서도 가족들과 정감이 넘치는 주제가 여리게 휘날리는 인간의 마음을 흔들고 있어서 그의 시에 숙성된 사랑의 메시지가 독자들의 심금心琴을 울리고 있다.

이제 수향 김문선 시집 《광교호반의 하루》의 읽기를 마무리 한다. 그는 자아와 자존에 관해서 시적 정황이나 주제 혹은 화자의 어조를 통해서 순정적인 메시지를 전함으로써 그가 지향하고자 하는 인생관과 가치관에 대한 재정립을 위한 새로운 탐색을 시도하고 있다.

이것이 그가 구현하는 김문선의 시 미학이다. 그것은 바로 그에게 내재한 지적 자양이 인간중심의 윤리적인 측면과 친자연의 현실에서 추출하는 이미지로 그의 서정성을

정립하는 확고한 정서의 세계를 이해할 수 있음을 유념하게 된다.

이밖에도 그가 여가선용으로 심취하고 있는 '디딤새의 미학'에 대한 추구도 돋보이는데 '입춤', '앞개타령', '춘앵무', '살풀이춤', '팔선녀의 하강', '화관무' 그리고 북춤 '하늘까지 울려라' 등에서 그가 애달프거나 슬펐던 상념을 하나씩 지워나가는 심경의 변화를 모색하는 언어를 많이 접할 수도 있었다.

현대시는 깊은 감상과 애절한 체험의 소산만으로는 작품을 완성하지 못한다. 불란서의 시인 볼테르의 말대로 시는 보다 더욱 위대하고 다감한 영혼의 음악이 되어야 한다는 논지를 경청傾聽할 필요가 있다. 시는 최상의 마음이 가장 훌륭하고 행복한 순간의 기록으로써 영원한 진리가 표현된 인생의 의미나 삶의 의미가 되어야 하기 때문일 것이다. 시집 출간을 축하한다.

제1부

광교호반의 하루

광교호반의 하루

등굽은 해오라기
간 밤 짝을 찾아 헤매다가
둘레길 채운 부들 숲에서
선잠들고

눈 뜬 오로라 낯 씻은 자리
성급한 태양이 들어와
물안개 걷어낸다

짝을 지은 연인들 유영하는 잉어 불러
먹이를 던져주고
짓궂은 젊음이 물수제비 날려
어릴 적 추억을 더듬는데

너는 멈춘 곳에서 먼 데 보며 한가롭고
나는 벤치에서 반안半眼으로 사색한다

네가 보낸 시간은 짝을 찾는 일이고
내가 넘긴 시절은 짝을 보낸 일이니
우린 짐짓 닮은 듯 다르구나

할 일 끝낸 태양을 보내야 하는 시간도
할 일 끝낸 태양을 보내야 하는 시간마저도

그들 형제

열두폭 병풍이 있다
혼자서는 펼칠 수 없어 둘이서
맞잡았다

뒤로 삼보 뒤로 삼보
마주보며 멀어진다

다 펼쳤다고 형이 먼저 손을
놓으면 안 된다
자리를 잘 잡았다고 동생이
바로 손을 떼어서도 안 된다

앞으로 삼보 앞으로 삼보
접고 또 접어
감感으로 잡은 거리 평정을 이룬다

길아성

기라성綺羅星
'밤하늘에 번쩍이는 무수한 별
신분이 높은 사람들이 많이 모여 있음'

현관顯官들이 ~~처럼 늘어서다
한글사전에 떠 있는 낱말 풀이

'반기문 유엔사무총장' 이 롤모델인
우리 외손자 이름

네가 내가 되는 날을 위해

준비를 하라
때늦은 후회 하지 말고

그대가 공주이기 이전에 나도 공주였고
그대가 중전이기 이전에 나 또한 중전이었지

중전中殿의 존귀함을 한 몸에 지녔거든
대비大妃가 되기 위한 대비對備를 하거라

대비의 체통을 뒷방 늙은이로 전락시키면
중전의 위상도 더불어 추락한다

때 늦은 후회보다 이른 준비가 낫다
머지않은 날 네가 나 될 터이니

바가지

온달을 반달로 쪼개고
오장육부까지 퍼가니
허기가 진다

보리흉년, 겉보리 위에 쌀 한줌 흩어
마디 굵은 어머니 손으로 문질러대면
속살은 박박 신음을 한다

채우고 비우고 동동거리다가
해질녘이면 빈 속되어
부엌 설강 귀퉁이에 엎어져

관솔 그슬림만 덮어 쓴 채
허허로운 하루를 마감하네

바나나우유

물 한 모금 못 삼키며
바나나우유 찾던 어머니
한우소금구이 팔아 두둑한
전대 찼을 때 무엇이 두려워
그것 하나 못 드셨을까

보리밥 물 말아 삼키며
큰아들 집 사주고
떨어진 속옷 기워 입으며
작은아들 자가용 사주니
형제는 보란 듯이 등 돌리고
어머니 곁을 떠났다

"목장을 통째로 사올게요
조금만 기다리세요."
고명딸의 절규가
중환자실을 울린다

보고 싶어라

햇빛은
반짝반짝

새싹은
파릇파릇

시원한 바람
불어오는 날

우렁찬 첫울음
들려 주려마

내 사랑의
할머니 되고 싶단다

남편 제사상 앞에서 1

문창호지 북 찢고 방안으로 든 손
골뱅이 모양 쇠 빗장 풀어
그대와 나 우리 되던 날
사뭇 어제 일만 같습니다

제주도 울릉도는 지명만 알고
제 부모 산소 벌초도 못한 채
동기간 피붙이는 멀어져 갔지요

노숙자 데려다 등 밀어주고
자신이 아끼던 옷 입혀놓고
쌀밥에 고깃국 바친 정성
하늘이 보았고 땅도 기억 합니다

밤을 낮이라 알고, 낮은 또 낮인 듯
범죄자 잡으러 스무 시간 잠복 중
풋잠 잔 것, 꿀맛이라 했던가요

청백리란 미명으로 받은 수많은 표창장
가장의 빈 자리 메워주지 못했고
이십구 년 경관생활 무늬만 명예퇴직
경찰서 문턱, 등 떠밀려 넘었지요

뇌경색 환자로 산 지 스무 해
'막힌 뇌혈관 뚫는 데는 막소주가 최고' 라고
스스로 판 무덤은 깊어만 갔지요

알코올에 의존해 회한과 분통을 참아내며
하루를 마감하는 가장 앞에서
처와 자식들은 숨소리도 죽였습니다

남편 제사상 앞에서 2

후손들 좋으라고 올린 참조기
후손들 출세 길 열어준다는 벼슬달린 닭찜
후손들 금전 빨아들이라는 대왕문어
후손들 잘나가게 밀어달라는 민어와
손끝이 야무진 며느리가 부친 쇠고기 산적
오색 전과 오색과일 삼색나물 진설하고
정종 두잔 올린 뒤 자손들 이배二拜 드립니다

"편찮아서 세상 떠나신 분한테 무슨 힘이 있습니까?
후손들 잘돼라 부탁하지 마세요. 그저 많이 드시고 다음
생에는 건강한 몸 받으시라 빌어드리자고요."
장남의 한 마디에 온 가족은 고개를 숙입니다

망인亡人이시여!
쉬엄쉬엄 드시고 흠흠 하소서
입맛 당기는 음식들 흡족하게 드셨습니까
자손들도 모두 만나보시니 반갑지요?

동트기 전에 충청도 땅에 자리한
망인의 집으로 향하시구려

보령석石에다 무궁화 무늬 새겨 지어드린 저택,
그곳으로 되돌아가셔도 됩니다
청주정씨문중 공원묘지는 온종일 해님이 지켜주고
저수지가 보이는 명당입니다
다음에 오실 때까지 평안히 지내십시오

명함

GOLD MOON SUN
황금 달 태양

황금빛 정염과 화끈한 열정
오롯이
가슴에 품은 시인이라고
풀이해도 될까?

고故 김종상金鐘相 한학자
우리 조부祖父께서 지어주신
나의 이름 석 자

겸손

4B펜슬 하나 없이
호수의 깊이
대나무의 기개
부들의 흔들림조차 척척
그려내는 자연 앞에
나는 무릎을 꿇는다

돋보기 너머로 그린 눈썹
한 쌍의 기러기 되어
거울 속을 날고
립 라인 지나간 자리
자글자글 입가주름 드리나
나는 좌대 거울을 접는다

푸르러 청청한 소나무와
빨강꽃잎 지키느라 풍상을
견디는 천일홍의 절개도
자연이 그려내는 진실인 것을
나는 이제라도 깨닫는다

만월과 호수

빛의 폭을 견주느라 힘겨운 온달
호수의 너른 품에 굴절되고
그 빛에 눈 뜬 잉어 기지개 켜는데

이울지 못한 채 설렁이는 물결
이울지 못한 채 수줍은 달빛
힘 모아 빚어낸 월광 소나타

때론 쉬고 싶다

이른 아침 호숫가를 걷노라면
입술 젖은 붓꽃
실눈 뜬 오로라가
자작나무와 눈을 맞춘다

다저녁 때 호숫가를 걷노라면
아침에 만났던 소슬한 군상들이
죄다 호수에 빠져 들었다

채움이 원활하지 못했을까
비움이 순조롭지 않았을까
보내고 맞이함에 지쳐버렸니

해와 달, 빛과 그늘
그림자마저 물리치고
호수도 때론 쉬고 싶다

겨울 호수

담고 있기엔 너무 무거운 짊
드러내기엔 너무 많은 상처
얼려버리기엔 안쓰러운 생명체
나 어쩌란 말이냐

호수야 광교호수야

나는 정말 속이 상해
너는 하냥 조용한데
나 혼자 살란한가봐

내 마음 별과 같은데
쳐다보지도 않은 채
너는 달만 품고 있더라

내가 별똥별 되어
너의 품에 숨어들면
가라앉혀 버리겠지

호수야 광교호수야
언제쯤 내 살란한 마음
활짝 드러내게 해줄래?

나비넥타이와 로보닥

칼라풀한 보우타이에 하얀 수트
반 곱슬의 연갈색 머릿결은
어느 유명한 합창단 지휘자를 닮았다

전날 밤을 관절통으로 꼬박새우고
엉거주춤 나타난 나에게
“곧바로 입원하고 모래 수술하지요”
비로소 정형외과 병원장으로 환골탈태

수술실엔 원무과에 걸린 사진 속
로보닥이 버티고 서있어 메스를 든
의사보다 두렵다

그리고 나는 깊은 잠 속으로 빠져들었다
그리고 나는 다음날 인공 관절의 힘으로
벌떡 일어섰다

“인천 옆에 있던 청도가 언제 중국까지
떠내려갔지?” 개구쟁이 유머로
원장의 회진이 시작되면 입원실은

온통 웃음바다

수술 후의 통증을 잊고 우울도 내려놓고
환우들은 저마다 쾌차함에 감사하니
그는 진정한 명의名醫였다

고행 길 걸어 낡고 병든 이순耳順의
내 무릎 관절통

삶의 무게에 짓눌린 친구의 허리 통증도
나비넥타이의 고매한 의술과 로보닥의
예리한 시술로 완치를 했다

이곳에선 나비넥타이와 로보닥, 환우 모두가
하나였다

불면

나의 잠은 어디에서 머물고
있을까

벽시계는 찌그락 째그락
분초와 다투고

내 몸 속엔 쿵닥 콩닥
심장과 폐의 음표가 갈리고

지구는 회전하고 또 혈관 속의
선혈은 긴 터널을 돌고 도는데

나의 잠은 어디쯤 오고
있는지

제2부

꽃으로 여는 세상

꽃으로 여는 세상

花愛心 溢 五大洋
화애심 일 오대양

香友情 傳 六大洲
향우정 전 육대주

꽃을 사랑하는 마음 오대양에 넘치고
향기로운 우정 육대주에 전한다

뒷동산山

기대고 싶을 때 등 내어주고
안기고 싶을 때 품 내어주는
너를 기린다

미세먼지에 껄끄러운 목
약수 한 잔에 씻어내고
횡간을 누벼 닿은 곳
너의 정수리

무지의 깃발 하나 꽂고
히말라야라도 정복한 양
만세삼창 불렀다

안기고 싶을 때 품 내어주고
기대고 싶을 때 등 내어주는
어버이 닮은 뒷동산
나는 짐짓 너를 기린다

민들레야

돌 틈 둔덕 네 맘대로 뿌리 내려
높낮이 다른 줄기 애써 키우며
4월에 피워 낸 노란꽃 하얀 꽃

바람으로 부푼 몽환을 흩날려
몸 가벼이 38도 분계선을 넘었거든
날다가 멈춘 곳에 뿌리를 내려라

그곳이 선죽교면 정몽주 선생 만나고
그곳이 백두산이면 신령님을 배알하고
한민족 하나 되게 빌어보아라

통일이 오기까지 한겨레가 뭉치는
그날이 올 때까지
너 거기서 민초의 뿌리로 남아 있거라

월광月光

보름달을 건지려고
호수엘 갔다

낚시에도
반두에도
걸리지 않던 달

부엉이 눈처럼 차오르던
수줍은 얼굴

어느새 들어와 버렸네
나의 이불 속으로

장밋빛 얼굴로

나는 사랑받고 싶어
장밋빛 얼굴로
너도 사랑받고 싶지?
장밋빛 얼굴로

그런데 말이야
아무리 흉내를 내어도
영 닮아지지가 않아
이럴 땐 어떡하지?

으응 그건 말이야
온몸에다 장미꽃잎을 붙이고
온몸에다 장미 가시를 붙여봐

해바라기

원圓의 대열에서 이탈한 채
지난해에 장례식을 치룬 몸
내가 묻혔던 이곳에
네가 새 얼굴로 피어났다
우린 언제나 한 곳만을
지향해야 할 운명
억만 광년을 비추는
저 태양을 함께 바라보는 일

사랑초草

다른 꽃을 부러워 하지마
너의 이름은 사랑초야

너보다 화려한 장미를
닮으려 하지마
가시가 있어 사랑도 못하잖아

산이 말한다

배낭 등산복 명품으로 휘감아
수천 냥의 무게로
나의 등 밟고 선 그대여

잔바람에 흩어지는 송홧가루
그러모아 허기진 배 채우는
빈도貧道를 보았는가

메마른 풀잎 멈추어버린 폭포
휘어진 민심 능선타고 내려 와
바람 한 줌에도 풀어지는데

그대여!
이고 지고 온 삶의 무게 여기에 내리고
내 허리 베고 누워 뜬구름 잡아보오

산사일기山寺日記

검푸른 산의 주인 부엉이라면
그대 한소리로 산천을 울리소서

야산을 휘젓던 장끼 한 마리
화려한 깃털 세워 까투리 유혹하고

뻐꾸기 저 홀로 임 그리워 울어대면
앙가슴 풀어놓아 임의 둥지 되오리다

푸른 안개 걷어내며 가파른 길 올라
약수 한 잔에 빈 속 달래어 한나절

산신각에 엎드려 자손홍복 빈다하고
새들의 천국에서 넋을 잃은 초로初老여!

공양미 향초는 어디에 놓아두고
탱화 속 호랑이와 눈싸움만 하고 있나

아픈 민들레

모진 손에 뽑히고
무딘 발길에 채이며

참다못해 날려버리는
독기 품은 여한은
천지 사방에다 노란 새끼를 친다

무궁화

지나치게 도도해도 괜찮아요
당신은 무궁화니까

하루 만에 지더라도 울지 말아요
우린 당신을 영원히 기억하니까

향기가 없으면 어때요
꽃술에는 벌들이 모여들어요

더 멋지지 않아도 돼요
당신을 온 국민이 사랑하고 있어요

가을 석양夕陽

활활 타오르는 허공에
오색 비단 풀어 빎고 선 그를
어느 신이 저리도 영명하게 그렸을까

숭엄하고 절대적인 화려함
지구상의 모든 물감 다 풀어도
닮을 수 없는 찬란함을 외면한 채

명징한 동그라미 하나
에둘러 서산을 넘고 있네

그 모두를 품어주는 산山

버스에서 지하철에서 쏟아져 나온
무수한 사람과 배낭을 순식간에 삼켰는데
산허리는 미금도 부풀지 않는다

주말의 북한산은 인산인해人山人海

사람이 몰래버린 오물은 악취로 돌려주고
거짓이나 속된 말은 들은척도 안하면서
야호를 외치는 선량에겐 야호로 답하는
정직한 산

때론 취객의 허튼 걸음에 발목을 분질러
놓고도 뒷짐을 지고
목숨을 소중히 여기지 않는 경솔한 이들에겐
포용을 거부한다

인수봉에서 싸늘하게 식은 사람은 정녕 얼마나 될까

한여름 억수비로 인수봉은 목욕재계하고
천연색 의상 갈아입은 가을의 美色의 경지

엄동설한 눈꽃이불 덮어 초록을 잃지 않은
생동의 조화로움

그러면 그렇다고 들어주고
저러면 저렇다고 받아주는 아량
그 척도尺度를 알 수 없는 품안

이대로 살다 가리라

내 허허로운 가슴에 관솔불을 들이대면 청솔향이 나려나?

뒤돌아보면 바싹 다가온 생의 끝자락이, 어제도 그제도 긴 그림자로 붙어 다녔다. 칠년 세월 흘린 눈물방울 빙하가 되었던 건, 내 몸에서 탯줄 끊어진 여식을 화마에게 던져준 뒤부터였다

길게 혹은 짧게 왔다가 사라지는 계절의 형형색색, 돌아보다 또 돌아보다 에둘러 몸을 튼다. 더 이상 긴 미련도 짧은 후회도 남겨두지 않고 내 손으로 갈라놓은 역사는 비단결로 고르리라. 태고의 기억 속에서 중얼 거리던 얼굴들 유성으로 흐른 자리, 이름 없는 별 하나 덩그레 남았다

애면글면 끌며 질척인 양다리에는 철골구조물이 들어앉고, 목 빼고 기다린 그리운 이들은 어느 새 북망산천으로 향해 버렸다

내 그리움은 외로움을 먹여 살리고, 배를 불린 외로움은 또 배가 터지도록 천고千古를 부풀리고 있다

이젠 잊어야 마땅한 이야기, 문창호지로 겹겹이 싸두었던 역사도 사골처럼 서너 번 우려먹어 바닥이 났다

갈래머리 했던 시절 하늘에서 뚝 떨어진 보름달, 다홍치마 자락에 빠듯이 받아 안았었다. 그런 일로 이쪽 방 저쪽 방을 가리는 장지 문틈으로 들려왔던, 우랑우랑한 그 남자 아버지의 목소리가 명산대찰 일주문 지키는 사대천왕보다 두려웠다

이제는 그도 저도 두려울 게 없다. 모두 영호강에 띠내려 보냈으니까. 그래야만 나의 묘비墓碑를 향해 가는 발걸음에 무게를 덜 것 같다

이제라도 내 낡은 삭신에 관솔불을 들이대면 혹여 청솔향이 나려나!

네잎클로버

네 이파리 클로버는 행운이라고
나폴레옹은 말했다 하고
세 이파리 클로버는 행복이라고
혹자는 말들 한다

흐드러진 세 이파리 밟아 뭉개며
네 개의 눈을 부릅뜨고
수천 개의 네 이파리 따다가
고이고이 책갈피에 모셔두었다

나의 머리 위로 총알이 스치지
않아서일까
아직은 때가 되지 않은 탓인지
흑발이 백발 되도록
크라운은 얹히지 않았다

나폴레옹이시여!
하늘에서도 우기십니까?
네잎클로버는 행운이라고

제3부

박수를 치고 싶은 날

박수를 치고 싶은 날

노원역 가는 시내버스가 장암동 정류장에서
손님은 태우고 운전기사는 내려놓았다

생머리를 틀어 올리고 낡은 포대기 두른
여인의 해맑은 미소에 곤군함이 스며있다

돌잡이 사내아이는 폴짝폴짝
아빠를 언제보고 못 보았기에
저리도 속절없이 뛰어오를까

운전기사는 양팔을 벌려 가족을
품었다

순식간에 펼쳐진 가족드라마
1막 1장

앞자리에 앉은 나는 박수를 쳤다
승객들도 덩달아 손뼉을 쳤다

승객들이 친 박수는 잠시잠깐이지만
목적지를 향해 달리는 가장家長의 어깨는
영원한 박수를 청하고 있었다

강마루가 좋다

어머니 생각나면
여기에 온다

푸짐하고 구수한 시래기탕
어머니 손맛이 깃들었다

무명앞치마 입은 어머니가
주방에서 나오신다

*지인의 밥집 개업 날에 붙이다.

김장

흙에서 잘려온 것들
바다에서 잡혀온 것들
모두 모두
한통속에 버무리니
벌겋게 열 받은 속
숨죽은 배추 속으로
켜켜이 숨어든다

현몽

황량한 들판을 헤매고 있었다
잔디를 심으면 좋겠다 싶어
사방을 둘러봤다
검불이 산처럼 쌓인 걸 발견하고
그것들을 펼쳐 심었는데
먼지가 폴폴 났다

검불이 죽을 새라 안달복달
생명수를 찾는 사이 저절로
잔디가 쑥쑥 자라나고 있었다
'앞개놀이' 춤을 한바탕 추었다

단잠 깨운 전화 한통
예비 당첨된 아파트
동 호수를 찍으러 오란다

광교신도시 사천O삼 이천육O사호
나의 꿈은 로또였다

자아自我를 찾아서

숨 가쁜 질주로 부딪쳐 보았지만
아픔은 너의 몫일 뿐

바위는 또 다른 파도를 부른다

고전의 모래성이 허물어진 자리
하얀 머리 흩날리며
잃어버린 고무신 짝을 찾으려
멀리서 손짓하는 물기둥을 살피는데
산란한 추억만 부유물에 휩쓸린다

날마다 부딪치며 가슴을 할퀴던
하얀 파도를 멈추게 할 수 있는 것은
시린 늑골이 먼저 알아 챈 저무는 세상

바위가 흘린 하얀 피는
먼 바다로 떠나고 연이어 떠나고

바위는 또 다른 파도만 부른다

나리타공항과 채소

노자에게 공자가 물었다
'인격이란 무엇인가?'

나리타공항에는 한국 여인 둘이서
70킬로가 넘는 야채를 카트기에 싣고
낑낑대며 공항검색대로 끌려가고 있다

풋고추에 묻은 물기를 닦아야 했고
가지에 묻은 먼지도 물걸레로 훔쳐야 했다

한국의 세균을 일본까지 갖고 왔다고
공항검색대원이 나무라진 않아도
한국여인들은 다투고 있다

A여인: 시장에서 구입했을 때 닦았어야 했다
B여인: 뜨거운 손으로 만지면 야채는 상한다
A여인: 한국에서 닦으면 뜨거운 손이고, 이곳에서 닦으면 차가운 손이냐?

공항검색대원은 두 여인들이 닦아내는
한국의 세균을 바라보며 웃는다

그가 친절한 것인지
그는 어이없어 하는 것인지

노자는 공자의 물음에 답했다

'당신의 질문은 비인격적인 사람에게만 필요하다고'

쏠 개미대학교

일학년 신입생이 갓난이 볼을
물다가 아기엄마 날쌘 손에
부상당한 모기를 끌어 오고

이학년 중급생도 임신한 똥파리
뒷다리를 물고 오고

삼학년 상급생은 119에게
날개를 찢긴 말벌을
선배에게 드민다

사학년 대선배는 먹이를
산처럼 깔고 앉아
비지땀을 흘린 후배들에게
일장연설을 한다

숨소리 내지 말고
무단침입은 해도 되고
네 몸 망가뜨려서라도
먹이만은 잔뜩 지고 올 것

새마을호 탄 비둘기

다음에 들어올 열차 청소를 하려고
대기중인 도우미의 발등을 쿡 찍고서
내가 왔노라 인사를 청한다

무임승차한 잿빛 비둘기에 발등 찍힌
도우미는 "오매오매 별일이랑께 열차 청소
오년 차에 비둘기 탄 것 처음일세."

비둘기는 식당 칸 바닥을 샅샅이 살피다
도우미를 향해 구구구 꾸르륵!

"근디 너는 대체 누구 허락받고 식당 칸에
타 부렀다냐, 차 삯 사만 오천 냥
누구한테 바쳤냥께?"

구구구 꾸르륵
더 이상 물으면 당신만 다쳐요
이 바닥 청소만 칠년 차란 말이요

술맛

너무 빨리 취했나 봐요
천천히 마셔야 하는데

아니야 지금부터 마시자
사랑과 우정을

실낙원

미지의 세계를 향해 달린다
궤도를 벗어난 열차를 타고도
목적지에 도착 했을 때의 환희를
예감한다

간이역에는 카키색 바바리코트를 걸치고
검정 우산을 펼쳐든 키 큰 노신사가
나를 기다리고 있겠지

오른발은 천 길 낭떠러지에 내려놓고
왼발은 태고의 동화 속에 멈춘 시절
슬픈 역사를 홀로 반추하며

하얀 머리 오징어 먹물로 감추고
손톱엔 봉숭아꽃물 곱게 들이고
그를 향해 달려갈 향긋한 꿈 하나
키우고 살았지

마음대로 안 될 때는

인생이 엉킨 실타래로 꼬이거든
자신의 전생을 관조함이 어떨까
금고문 자물쇠가 단단하지 않았는지
혼자 밟을 수 있는 땅을 지나치게
소유하지 않았는지
농부가 공들여 지은 곡식을
썩혀버리지는 않았는지

하루가 일 년처럼 덧없거든
현생現生을 직시함은 어떨는지
가족의 족적足跡에 그림자를
드리우지 않았는지
타인의 삶에 흠집을 내지 않았는지

노년이 고적孤寂하다고
자손들을 원망하지 않았는지
자연은 강한 듯해도 약해서
저절로 고개를 숙이는데
사람은 약한 듯해도 강해서
자신에게만 친절하다

석가모니는 '네 현생이 고달프면
전생을 보고, 네 다음 생을 보고 싶으면
금생今生을 보라' 했다

자신에게 묻는다
엉킨 실타래를 탓하지 않을 수 있겠느냐고?

사과들의 전쟁

너만 부사인 줄 아니
나도 부사야

대가리는 쩍쩍 갈라지고
몸매는 상처투성이면서
감히 어따 대고 잘난 척이야

그런 너는 맛대가리도 없으면서
낯짝만 번드르르 해갖고

보다 못한 사과나무가 나섰다
비품은 저 잘났다고 내 품을 떠났다가
제 몸을 망가뜨렸고
정품은 얼굴 탈까봐 그늘만 좇다가
맛도 들지 못 했지

비품이 말했다
먹어본 사람들은 겉 다르고
속 다른 내가 맛나다는데

정품이 말했다
상처투성이 너는 저질이고
때깔고운 나는 고급이란다

바람결에 전하는 말

당신이 홀아비 촌로村老된다면
난 진정 좋겠습니다

보글보글 끓인 청국장 뚝배기
소반 위에 올리고
북데기 속에서 빨간 잎 피워낸
겨울 상추 뜯어다
한 볼 싸서 먹여주고

그대가 내민 한 쌈 받아
오만 정 가꾸면
저만치 멀어져갈 미망未忘

당신이 홀아비 촌로였으면
참 좋겠습니다

이런 사람 없나요

이른 아침 창문을 함께 열 수 있는 사람
이슬 밭에 고무신 젖어도 풋고추 가지를
따다 줄 사람

여행을 취미로 먼 곳 가까운 곳 가리지 않을 사람
독서를 즐기되 양서 악서를 가릴 줄 아는 사람

나의 이야기에 귀 기울여 줄 사람
나의 신앙을 존중해 줄 사람
나의 눈물을 닦아 줄 사람
나의 기도에 고개 숙여 줄 사람
나의 기쁨에 큰소리로 웃어줄 사람

이런 사람이 있는 곳이라면 고해苦海라도
단숨에 건너가리오

제4부

소통의 장場

소통의 장場

세계 공통어 파안대소
만국 소통어 대성통곡

지구가 하나로 통하는 노래
해피 버스데이 투 유
온 세상이 공감하는 몸짓
백조의 호수 발레

언어가 달라도 기쁨은 같고
표현은 달라도 슬픔은 통한다

음악은 세계 공통어
춤은 고래도 춘다

묻고 싶다

일만 이천 명이 넘는 선비님들 틈에
버젓이 이름 석 자 올려놓고
시詩 한 줄 못쓰고 몇 해를 보냈다

분과는 시라 해 놓고
수필 쓰는 사람들 속에 끼어들어
주절주절 제 얘기만 엮어
벌거숭이로 독자님들 앞에 섰다

흰 새벽 신문에서 오려 둔 명시名詩를
제 것처럼 읊조리다 거기에
길들여지고

내가 하고 싶은 말인데
나의 뜻도 그와 같은데
네가 다해버렸냐고

날더러 뭘 쓰라는 거냐고 억지만
부리고 있다

나도 시인인가!

가시덤불에도 봉황은 앉는다

암울

어둠에 결박되어 눈 번연히 뜨고도
사물을 분간 못한 채
무지를 부수는 일이라야
광고지 이면에다 ?표만 찍는 일

가난!
왜 많고 많은 사람 중에
하필이면 나를 덮쳤나
넌 반갑잖은 단어잖아

한줄기 빛

겨울햇살에 눈이 시리던 날
내 안에서 구겨진 채 머물던 '잠들지 않는 바람의 신'
수필집 279페이지에 넋두리를 담았다

잠들지 않는 바람의 신은 현해탄 건너
잠들지 않는 바람의 신은 태평양 너머
잠들지 않는 바람의 신은 중국을 돌아
잠들지 않는 바람의 신은 청와대에도 들었다

꿈일까 생시일까
황금봉황 한 쌍이 무궁화를 품고
나의 집필실로 날아들었다
– 2012년 2월 16일

『수필집 출간을 진심으로 축하드립니다』–란 글귀와
'대통령 이명박' 여섯 글자 선명하게 씌혔다
봉황은 가시밭에도 앉았다

입춤

나폴나폴 노랑나비 흰나비 되어
철쭉꽃 백합꽃 위를 누비고

잘쑥잘쑥 굴신으로 앞 동작 뒤 동작
춤사위를 이어가리라

이리로 오소소 모여 꽃술을 짓고
저리로 동동동 흩어져 꽃잎을 다스려

잔걸음으로 종종종 하늘 향해 멈!
두 팔 벌려 피워 낸 들국화 한 아름

살풀이 춤

물들레라 물들레라
소복에 눈물색 들레라

미령靡寧혼백이시여!
간밤에 든 길 허망하거든
새벽에 든 길 갈 길이 아니거든
홀연히 돌아서 여기에 오소서

무희가 건네 준 비단길 마지
명주수건에 등짐 내리시고
그 길 따라 여여이 가사이다

영령影靈께서 향하신 곳
우담바라 만발하고
연꽃향 넘실대고
종달새 지저귀는
왕생극락입니다

물들레라 물들레라
소복에 눈물색 들레라

춘앵무舞

큰머리에 어사화 얹고
남색치마, 황금빛 앵삼입어
예를 갖춘 무희들

무지갯빛 한삼 속에 고이 사린 손
용상에 정좌하신 순원왕후 향해 멈
동편 향해 일 배 서편 향해 일 배

두 손 들어 액을 털고
양손으로 덕을 모으고
우쭐대거나 출렁이지 않아
정갈한 춤사위

아홉 무희 한 몸 되어
구름 위를 걷는 듯
돌고 사위니 버선볼 보일라

삼현육각 선율에 효심을 담아
어머니 생신상에
발현하여

버드나무에 앉아 조잘대는
꾀꼬리 소리에 장단 맞추어
효명세자 읊조리는 부모은중경
오색 구름타고 너울너울
구중궁궐 향하는가

앞개타령

'앞개 바다에 오방선원이 떴다
물결만 높아서 두둥실 두둥실 떠나간다'
삶을 영위하기 위해 거센 파도와 싸우며 고기잡이
나가는 남편들을 배웅하며 선창船艙에서 불렀던 민요에
맞추어, 열 명의 무희들이 더덩실 춤을 춘다

'에헤요 에헤요 우자자 디어라 내 사랑이로다'
곱디고운 한복 앞섶에 노리개를 달고 무거운 큰머리를
올리고도 돌고 사위며 무희들은 흥에 겨워 춤을 춘다

'가시나도 머시마도 못 낳는 것이 서방님 보기만
벌쭉 늘었다 에헤요 데헤요 우자자 디어라 내 사랑아'
하늘을 봐야 별을 따거늘 무서운 시어머니는 아들을
돈 벌러 보내고 며느리에게 손주 안겨 달라 타령일세

'아하하 에헤요 우자자 디어라 내 사랑아'
춤으로나 한을 달래보세 어부의 아내를 대신해
시방 저리도 신나게 춤을 추는 무희들은 그 옛날
선창의 서럽고 고달픈 삶을 짐작이나 하려나

춤을 추면 신이 나고 가락을 들으니 흥겨운,
우리 민요와 우리의 춤이 어우러진 큰 무대였다

※ 안숙선 명창의 명쾌한 소리에 맞추어, 안줄이 선생이 창작한 한국 무용 앞개타령!

하늘 높이 울려라

둥둥둥둥 둥 둥 둥 둥 둥둥둥둥
광화문 밝히는 촛불 행렬에

둥따다다다 둥따다 둥따다다
큰마음 여린 마음 모여들었다

따각따각 따가닥닥 따가닥
초등생에서 노부부까지
잰걸음으로 달려와 촛불을 켰다

덩덩덩기덩 덩덩덩기덩
축제의 한마당인가 비극의 현장인가

둥기당땅 둥기당땅 두둥기당땅
온누리를 밝히는 촛불일지라도
아무 때나 켜서는 안 되고
아무렇게나 끄지도 말자

동당동당 동기당 당당 동 당 동 당
너나 없는 우리민족 촛불보다 환한
화평으로 다스림이 어떠할는지

둥둥둥둥 둥 둥 둥기덕 둥둥
무희들이여!
온 국민들에게 우렁찬 북소리로
감동과 희망 불어넣어 보시게

팔선녀의 하강

ㅡ 무용가 안줄이 선생의 부채산조를 감상하고

딩 동 딩 동 다라라라

삼현육각의 연주로 시그널 음악이 울려 퍼지니 예술의 전당 무대에 화려한 조명이 깔리고 빨간 장미 수놓은 흰 저고리에 삼원색 명주치마를 우아하게 펼쳐 입고 쌍아리 쪽을 찐 메인무희 *남랑南娘은 잔걸음으로 종종 세 명의 무희를 무대중앙으로 이끌어 낸다

'양유 상에 앉은 꾀꼬리 제비만 여겨서 후린다.
에후 절사 더덤썩 안고서 아아 요것이 내 사랑'

양유가의 두 소절 따라 세컨드무희 *한랑韓娘의 뒤를 이어 무대에서 합류한 또 다른 세 명의 무희들 비단 부채를 두 손으로 받쳐 들고 각자의 동선을 향해 앉고 서서 동서남북으로 시선을 두니 흡사 나무꾼을 맞이할 선녀들의 기다림으로 다가온다

척!
왼손으로 치마잡고 펼쳐진 부채를 오른손으로 돌리며
두 팔 벌려 학의 날개를 훅 하고 접는가 했는데
휘돌아 선 찰나에
척,

목단꽃이 새겨진 금색 부채를 펼치니 몽환인양
찬란한 무지개가 피어오른다

팔선녀의 황홀한 춤새에 여흥이 절로 나다가 선과 결이 고운 디딤새와 손동작으로 퍼뜩 바뀌어 지면관중들은 다음 장면이 궁금해 애간장이 다 녹는다

숨이 멈춘 듯 끊어졌다 활화산처럼 폭발하는 편집된 음률에 무희들은 반원을 그려 관중을 품어 안으려다가 대각선으로 돌아서며 놓아버리는 구성에 묘미를 두고 차례대로 앉았다 순서대로 일어서기로 용틀임을 하면 부채산조는 극치를 이룬다

춤은 끝이 나고 음악도 멎었는데 관중들은 짐짓 무대에서 눈을 떼지 못하고 숨죽이는데 누군가가 들뜬 목소리로
"하늘에서 팔선녀들이 하강을 했습니다
박수를 쳐 주세요"
그때서야 정적을 깨는 우레와 같은 박수, 박수소리!

*남랑 한랑–남씨 한씨 성을 가진 무희들을 지칭했음

사랑이란

받으면 무겁고 주고나면 가볍다
언제나 준 것만 같은데 돌이켜 보면
받은 것이 많고 많다

사랑이란
준 사람한테서 받으려 하지말자
준 것은 가벼이 사라지고
받은 것은 중량으로 남는다

사랑이란
사랑할 때만 사랑이고
돌아 설 때는 화근이다

사랑이 그렇다 사랑은 다 그런 거다

효성스런 아들딸들아

나 때문에 힘겨워 하지마라
너희가 못 다한 효심
뉘라서 더하라 하겠느냐

나 때문에 가슴 아프지 말거라
너희들 가슴에 맺힌 멍울
어미가 풀어주마

나 때문에 울지 마라
너희들 눈물방울
어미의 혈류血流를 녹인다

나 설령 이름 없는 별 되어
허공을 맴돌지라도
너희가 가려는 길만은
굳세게 밝히리라

효성스런 아들딸들아
아무도 없는 곳에서
혼자 울지 말거라

시비詩碑에 새긴 뜻

별리別離 반세기, 시비 앞에서
찢기운 명주 올을 헤아려 본다

백두산 천지연 우표 일천 장
진주라 천리 길 제 집인양 찾아가고
서울이라 천리 길 내 집으로 찾아들어
'펜팔' 뚜쟁이 오작교 놓았다

그를 처음 만난 건 마르지 않는
샘물이었고
그를 처음 가진 건 찬탈당한 면죄부
그를 처음 보낸 건
절대자의 명령이었다

영호강은 무심히 사십 년을 흐르고
백사장에 드리운 사각모 쓴 실루엣
나의 이름 불러주던 시크한 목소리
이명耳鳴처럼 들려온다

시비 언저리에 작약목단 심어놓고
찢기운 명주 올을 깁고 기우며
내세來世의 순연順緣을 꿈꾸어 보련다

사랑 변증법

사
승패를 예측 못하는 게임
랑

사
기록을 불사하는 역사
랑

사
짝사랑이 진하다
랑

사
집착도 인정하라
랑

사
훨훨 타 오를 때는 재가 될 줄 모르리
랑

사

원수에게 베풀어야 할 특별한 선물

랑

가슴으로 낳은 아들

'데이비드 알레한드르 자카리아스 아마도르'
장황한 이름의 다섯 살 사내아이
과테말라에서 날아와 나의 품에 들었다

막내딸의 막내보다 어린 아이
사진 뒷면에 적힌 글귀 두 줄
'엄마 아들 데이비드에요.
제 희망은 경찰관입니다'

둘째 딸을 도피안으로 보내고
허전한 가슴을 채울 길 없어
가슴에 품은 아이

그 아이는
뛰어내릴 절벽만을 응시하는
나의 영혼을 일깨워
쌀독을 열고 밥을 짓게 했다

가무잡잡 다섯 살 소년
차렷 자세로 웃고 섰는데
볼록 나온 배만 나를 닮았다

먹지 못해 나온 배
과식으로 불린 똥배
모자母子는 짐짓 다른 듯 닮았다

'굿네이버스' 에서 맺어 준 기이한 인연
그 아이가 모범경찰관이 되는 날까지
내가 살아가야 하는 이유다

어머니의 주소

태고의
우물 안을 들여다본다
지나가는 한줄기 소나기에도
심하게 흔들리던
열두 살 소녀가 들어 있다

어느 날
모가 난 바위 하나가 우물을 갈랐다
여린 살갗이 갈갈이 찢기고
투명한 피가 사방으로 튀어
푸르던 이끼가 빨갛게 물들었다

어머니는
딸의 온전한 모습이 보고 싶어
우물을 퍼 올려도
상념의 조각들만 두레박에 가득하다

우물은
주인을 따라 무덤으로 향하고

그 자리엔
'파타야모텔' 현란한 불빛이
하루를 묵어갈 길손을 부른다

홀로 가려 하는 길

공기에 씻어 영혼은 맑아도
구습舊習에 젖은 몸
광명으로 가는 길을 잃고
공들인 탑 부실해 허물어진 자리
엉겅퀴만 무성하다

자애로운 아비의 정이나
배우자와의 덕담은
기억의 강을 건넌 지 오래

헤어져 있어야 간절한 가솔의 이름
목 안에서 맴돌고
그대의 육신은 달과 별을 향해
자연의 일부분으로 토착하려는데

행여 하얀 철쭉 뿌리에 이불이 되려거든
영혼의 밤 외출을 두려워 말라
남루의 발자국 저편에 빛나는 면류관이
기다리고 있을지니!

고마운 사람아

양쪽 어깨에 운문韻文의 날개를 달아주어
사방을 날게 해주고

지리멸렬한 삶에 문학의 불씨를 당겨
활활 타오르게 해주고

안 보는 듯 바라보는 당신은 누구십니까!

멀리서도 느껴지는 심박동의 열기로
내 몸의 혈류가 빠르게 굳어갑니다

나 어떡해야 합니까?

제5부

살다가 지치거든

침략근성을 버려라

옮길 수 있는 바위가 아닌 걸
바꿀 수 있는 이름이 아닌 걸
태고 적부터 우리 땅인데 너희는
왜 자꾸 우기나

일본의 권력자가 자국의 교과서에
'타케시마' 란 가짜 이름을 붙여도
독도가 왜국이 될 순 없다

경상북도 울릉군 울릉읍 독도리 산 1번지
부동한 주소가 새겨진 이 곳
세계의 눈과 입이 우리 땅임을 증명하는데
눈 가리고 귀막아버린 섬나라 근성

존재의 진실을 왜곡하지 마라
자연의 법칙을 무너뜨리려고도 하지마라

독도 독도 독도는 대한민국 영토로다

표류

하얀 눈바람에
나태한 시간들이 움직이지 못하고 서성댄다
유리창에 가득 낀 성에
상처 난 손가락으로 문질러 보면 허리 깊숙이 서늘해
지던 바람 아직 아무도 깨어나지 않고, 나는 남으로
난 창틀에 끼여 낑낑대고 있다

무지개를 잡으러 무지개를 마중했으나 아무
것도 잡지 못하고 세월의 흰 물살에 휩쓸려
투명한 세상 허우적댄다

수원 연화장燃華場의 그날

귀티 나는 남학생 수줍은 여학생
단원고 학생증이 영정사진 되던 날
하늘도 울고 땅도 울었다

아직은 올 곳이 아니라고
적색신호가 길을 막아도
초록빛 꿈나무들
밀리고 이끌려 화염 속을
들고 난다

차마 자식을 앞세울 수 없어
부모가 먼저 갇히고 싶은
불의 감옥

눈멀고 귀먹은 잡귀雜鬼가
망령으로 찢은 하늘
어느 누가 기울까

어쩌랴 어찌하랴
내세來世를 기약하며
보내야 하는 핏빛 설음

'엄마 아빠 나 살고 싶어요'
노란 띠의 절규가 연화장 안팎을 휘감는다

가파른 길

거친 숨소리가 여기저기서 들린다
저들은 왜 하필 그 길만 가려하는지

욕심을 버리면 보인다
돌아가야 평안한 길

나이가 들고 보니

왜 진작 몰랐을까
왜 미처 그 생각을 못했을까
왜 그토록 어리석었을까
왜 그것도 눈치 채지 못했을까

왜 왜 왜
진작
미처
그토록
그것도

까 까 까만 되뇌게 된다

충무로역

어느 위인전의 이름이 지상으로 내려와
무중력의 중심에서 체중을 부풀리고 있다

나풀대는 스커트자락 헤진 청바지
스치고 만남의 숲으로 들고 난다

어둠의 터널을 통과하면
모두의 심장을 절개하여
다시 봉합을 하고

겹쳐오던 얼굴, 나태한 시간들이
이 공간을 잠식하여 후텁한 열기를
뿜어대면 갈증의 시간에 맞춰

우리는 서로의 시간을 환승 당한다

호미곶의 두 손

오른 손은 바다에서
뜨는 해님을 받들고

왼손은 뭍에서
지는 해님을 보낸다

하루의 시작을 알리는 바다 손
하루의 마감을 알리는 육지 손

합장으로 하나 될
그날을 꿈꾸는 양손

불국사의 벚꽃

하얀 꽃비가
떨어지며 흩어지며
소리 없이 울고 있네

법고法鼓장단에 정들고
풍경소리에 사랑 실어
꽃봉오리 터뜨린 날
벚나무는 기뻐서 윙윙 울었다

춘풍에 이울진 불심佛心
무심한 발길에 차이고 뭉개진
낙화는 섧은데

대웅전을 아우르는 노목老木
해거름인 줄 모르고
하얀 꽃비만 뿌리고 있네

아름다운 낙서

까마귀 귀를 닮아 오이도五耳島라고
바닷길 메워 섬 아닌 섬
무늬만 등대 불빛은 없는 걸

오빠 나보러 왔던 거지
아냐 너 보러 온 것 아냐
예쁜 갈매기 보러 왔어
청춘남녀가 새긴 낙서에
빨강등대는 수줍음타고

오늘 우리 만난 천 일
앞으로 만 일 채우지
만 일 채워서 뭐 할 건데?
뽀뽀 만 번만 해야지
빨강등대 간지러워 얼굴 붉힌다

서울보다 작은 나라

땅덩이는 작아도 두뇌는
큰 나라
인구는 적어도
국력은 강한 나라

사람보다 새가 많은 쥬롱 새 공원
길들여진 새들이 달러$를 물어들이고
관객의 손에 들린 지폐를 빼앗고
소녀의 머리에 얹힌 비스킷
제 것으로 만드는 새들의 왕국

여기서는 그대와 내가
한 쌍의 원앙새가 된다
우리 모두 쥬롱 새 공원에서
새가 되어야 한다
사람이 길들인 새들이
사람의 머리 위에서
놀고 있기 때문이다

서울보다 작은 나라
대국보다 활기찬 나라

싱가폴에서는
무능한 사람을 조두鳥頭라 하지 말 것

산동성 곡주穀酒

노을빛에 물든 광활한 들판에
횡간으로 직립한 붉은 수수군단
패배를 앞에 두고 고개 조아렸다

칭따오에서 지난을 거쳐
이천리 길 공자묘孔子墓까지
죄 없는 죄인 되어 고개 숙인
붉은 수수
둘러 선 쇠철망이 낯설다

칭따오공항 면세점 주류 판매대

어제 만난 붉은 수수군단
일천도 불길에 휘말리고
검은 연기에 흘린 눈물
모주謀酒*병속을 가득 채웠다

※ 모주謀酒: 중국의 최고급 명주.

살라망카 성당

이 웅장한 이 화려한 이토록 고색창연한
살라망카 성당에서 하필이면 지난하고
무딘 바가지가 생각났을까

밥이 빵이 된 주식 때문일까
밤이 낮이 된 시차 때문일까
검은 새벽 떠오른 시상
동숙한 지인 들어보라 읊었더니

'무우국이 싱거워요, 간장 한 바가지요
농부가 목이 타요, 막걸리 한 바가지요
소여물도 퍼가요, 통큰바가지요'

지인의 입담에 어머니는 사라지고
배가 터지도록 웃음 한 바가지 펐다

부활한 예수 품에 안은 성모마리아
우리들의 박장대소에는 관심도 없다

조개성당

5층 높이에 황갈색 고대 건축
외벽에 얽어진 360개의 조개가
나의 시선을 잡는다

일정한 간격으로 붙여놓은
조개는 야곱의 성城을 상징하고
옥상에 머문 예수의 두개골은
고뇌의 표현이다

십자가를 등에 진 예수가
골고다로 향할 때
조갈에 시달려 마신 물이
어느 시신의 해골 수였다고

예수 재림을 믿는 가톨릭 신자들이
살라망카 조개성당에서
무릎을 꿇고 경배를 드린다

지오디GOD

구름을 뚫을 것 같은 키에
모세혈관이 드러날 듯한
해맑은 피부, 안경 너머로 보이는
눈동자에 영민함이 담겨 있다

청아한 울림의 미성美聲
문어빨판 닮은 흡인력에
넋을 놓고 있을 때
그가 나를 무대 위로 인도했다

신세계백화점 VIP 친구 따라
콘서트에 참석한 것도 광영인데
화려한 무대에서
그와 함께 춤추고 노래하고

그는 내가 시인인 걸
심안心眼으로 알아보았고
그가 가수 '김태우' 라는 걸
나는 처음 알게 되었다

오 마이 갓, Oh My God !

유럽은 유럽이다

서기 1400년대에 짓기 시작해서
250년에 걸쳐 지었다는 살라망카 성당
스페인들의 인내력과 고전을 아끼는
심성에 감탄사가 여기저기서 터진다

빨리 빨리를 부르짖는 나라에서
잔뼈가 굵은 우리는 더 높이
좀 더 높은 곳을 지향하며
4대 궁궐마저 내려다보는 시멘트
숲에 둘러싸여 산다

장엄하고 화려한 황금장식 성물聖物
천정을 보느라 목병이 나고
내부를 거닐며 발병이 났다

어느 일인자가 허물어 버린 중앙청이
아깝고 궁정동 안가安家도 궁금했다
불미스럽고 아픈 현장이라도 보존하면
문화재가 되고

치욕스러운 현장도 관광명소가 되는 걸
왜 우리만 모르고 사는 걸까
유럽은 정신력도 건축물도 위대하다

안토니오 가우디의 흔적

(1)
피카소의 생가로 향하기 전에
스페인에 가면 기필코 바로셀로나로 향하자
그곳에 가면
'사그라다 파밀리아 성당' 을 보게 된다
얼마나 높은 지 얼마나 넓은지
그 얼마나 정교하고 위대한지

언변이 출중한 변호사도
노벨상을 탄 문장가도
표현하기 힘든 건축양식에
탄성과 감동만이 표현의
방법이리라

파사드에 가면 예수그리스도를
믿지 않는 남자도 예수가 되고
마리아를 존경하지 않는 여인도
성모가 된다

신의 조화를 가장 가깝게 형상화한
파사드에서 나는 눈물을 훔쳤다
수백 년에 걸쳐 지어졌고 또 지어질
안토니오 가우디의 작품은 대를 잇는다

파블로 피카소를 찾는 것도 이유 있지만
호안 미로의 실루엣을 보고도 싶겠지만
그대들이여 스페인에 오거들랑
고전과 현재와 미래의 신들이 모여드는
웅대한 광장으로 향하시라

(2)
장엄한 설계도
1883년부터 안토니오 가우디의 설계로
이곳의 역사는 시작되었고
현재도 웅장한 신전이 이룩되고 있는 곳
세계 각국에서 찾아온 발길들이
모아 온 성금, 독시가들이 금고를
통째로 옮겨오고, 가톨릭 신자들의
헌금이 쌓이고 있는 성전이다

76세에 열차사고로 비참하게 최후를
마감했다는 안토니오 가우디!
그의 엄숙한 모습이 금방이라도
몸을 나툴 것 같다

인지
붙이는 곳

계간문예시인선 113
김문선 시집_ 광교호반의 하루

초판 인쇄 | 2017년 1월 11일
초판 발행 | 2017년 1월 14일

—

지 은 이 | 김문선
회 장 | 서정환
발 행 인 | 정종명
편집주간 | 차윤옥

—

펴낸곳 | 도서출판 계간문예
편집부 | 03132 서울 종로구 삼일대로 30길 21 종로오피스텔 808호
주소 | 03132 서울 종로구 삼일대로 32길 36 운현신화타워 305호
전화 | 02-3675-5633, 070-8806-4052
팩스 | 02-766-4052
이메일 | munin5633@naver.com
등록 | 2005년 3월 9일 제300-2005-34호
ISBN 978-89-6554-150-9 04810
ISBN 978-89-6554-118-9 (세트)

—

값 10,000원

—

이 도서의 국립중앙도서관 출판예정도서목록(CIP)은 서지정보유통지원시스템 홈페이지(http://seoji.nl.go.kr)와 국가자료공동목록시스템(http://www.nl.go.kr/kolisnet)에서 이용하실 수 있습니다. (CIP제어번호: CIP2017000811)